Krug

Schönes altes Freiburg

Mit Wein gemalt und mit Gedichten garniert.

*Durch das Elztal
in die Schwarzwaldmetropole*

KRUG - Eigenverlag Köln

Die Deutsche Bibliothek - CIP-Einheitsaufnahme

Krug, Karl A.:
Schönes altes Freiburg
mit Wein gemalte Bilder und Gedichte
Karl A. Krug - Köln, Eigenverlag, 2005
ISBN 3-00-016876-1

Bild auf dem Umschlag (Titelseite):Freiburg i. Breisgau - Schwabentor um 1895
Bild auf dem Umschlag (Rückseite):Freiburg i. Breisgau - Martinstor um 1930

Copyright © 2005
K.A. Krug Eigenverlag, Köln

Konzeption:
Karl A. Krug, Köln

Gestaltung, Satz und Reproduktion
Dipl.-Ing. Klaus Steiner, Troisdorf

Gesamtherstellung und Auslieferung für Nachbestellungen
Deller-Druck H. Hick
Kruppstr, 1a 41469 Neuss
Tel.: 0 21 37 / 929 404 Fax: 0 21 37 / 929 363
www.dellerdruck.de

Meiner Frau Annie gewidmet

Inhaltsverzeichnis

Vorwort	5
Durch das Elztal nach Freiburg	7
Elzach	14
Elzach - Oberprechtal im oberen Elztal	14
Elzach - Stadt alter Fastnachtstradition	18
Winden am Hörnleberg	30
Das Simonswäldertal	32
Simonswäldertal - ein romantisches Seitental	32
Gutach i. Breisgau	36
Gutach i. Breisgau - Ort der Nähseide	36
Waldkirch	38
Waldkirch - Stadtteil Kollnau	38
Waldkirch - die Kandelstadt	44
Waldkirch - Stadtteile Buchholz / Siensbach	84
Waldkirch - Stadtteil Suggental	86
Denzlingen	88
Freiburg im Breisgau	90
Freiburg im Breisgau - Ankunft in der Unterstadt	90
Freiburg im Breisgau - Am Weg zum Münster	94
Freiburg im Breisgau - Rund um das Münster	102
Freiburg im Breisgau - Oberlinden - Kern der Altstadt	116
Freiburg im Breisgau - Alte Straßen und Plätze	130
Freiburg im Breisgau - Am Rande der Stadtmitte	146
Freiburg im Breisgau - Außerhalb des Stadtzentrums	152
Freiburg im Breisgau - Abschied in der Unterstadt	168
Zum Ausklang	172
Bild- und Textnachweise	174

Vorwort

Am 9. Januar 1934 erblickte ich in Hausach im Kinzigtal das Licht der Welt und lebe heute in Köln am Rhein. Hier habe ich bereits während meiner nüchternen beruflichen Tätigkeit als Dipl.-Volkswirt Entspannung im Schreiben und Zeichnen gefunden.

Die Straße von meiner Heimatstadt Hausach über Haslach, Mühlenbach ins Elztal und weiter in die Schwarzwaldmetropole Freiburg war eine wichtige Straße in meiner Jugendzeit. Bei Freud' und Leid, mit dem Bus, dem Krankenwagen, eine Teilstrecke mit dem Zug oder auch zu Fuß haben mir das Elztal und die schöne Schwarzwaldstadt Freiburg manchen „Halt" gegeben.

Mit zunehmendem Alter wuchs in mir das Bedürfnis, alte Erinnerungen mit eigenen mit Wein gemalten Bildern und Gedichten aufzufrischen, auch in der Hoffnung, Ihnen eine Freude zu machen.

Für meine Weinbilder verwendete ich überwiegend „badische Weißweine" vom Kaiserstuhl und aus der Umgebung von Freiburg, die mich schon in frühester Jugend in Stimmung brachten.

Selbstbildnis 1986

Für ein Bild benötigte ich nur wenige Weintropfen, die auf dem Papier mit der Tusche zusammenflossen, aber auch eigene Wege gingen. Sie halfen mir auch, schwierige Stadtansichten und Landschaften mit Gelassenheit zu zeichnen.

Als Vorlage nahm ich alte Fotografien, die ich bei undeutlichen Stellen nach eigenem Gutdünken ergänzte.

Garniert habe ich dieses Buch mit dazu passenden Gedichten. Die Liebe zum Reimen half mir, humorvolle oder romantische Gedanken über Menschen, Natur und Gebäude in leicht verständliche Verse zu fassen.

Dies ist das dritte Buch meiner „Schwarzwaldheimat mit alten Ansichten" und ist in gleicher Form gestaltet, wie die beiden dazugehörenden Bücher: „Unser schönes Kinzigtal" und „Im Tal der Schwarzwaldbahn".

Nun wünsche ich Ihnen viel Freude und Erinnerungen an vergangene Zeiten und hoffe auch, dass alle, die das Elztal mit seinen Seitentälern und die schöne Stadt Freiburg noch nicht kennen, neugierig werden.

Allen, die mir Fotografien für meine Weinbilder zur Verfügung gestellt haben, meinen herzlichen Dank.

Folgen Sie mir von den Höhen des Schwarzwaldes durch das Elztal in die Schwarzwaldmetropole Freiburg.

Hinweis:

Lesen Sie zuerst die Beschreibung zum Bild auf der linken Seite, die Sie auch das Gedicht besser verstehen lässt.

Durch das Elztal nach Freiburg

An der Grenze zum südlichen Schwarzwald beginnt das romantische Elztal, ein beliebtes Ausflugziel für die Bewohner des Rheintals, des nahe liegenden Kaiserstuhls und nicht zuletzt zur Erholung für die Bürger der Stadt Freiburg.

Vom Kinzigtal führt die Straße über die Heidburg **(1)** ins obere Elztal; vom Gutachtal **(2)** kommen die Besucher über Rothalde und Landwasser und vom Hochschwarzwald **(3)**, von Schonach ebenfalls nach Elzach - Oberprechtal.

Die ungefähre geographische Lage des Elztals zeigt die nebenstehende schematische Darstellung.

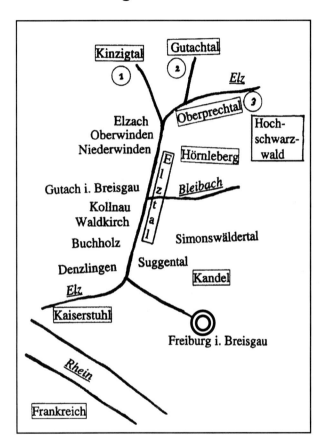

**Am Ziel angelangt,
ruft Freiburg dem Besucher zu:**

Verweile hier im Badnerland
und schau vom grünen Dreisamstrand
auf Freiburg, diese alte Stadt,
die Dir sehr viel zu sagen hat.

Von guten und von schlechten Tagen,
von Liebe, Lust und auch von Klagen
von Eifer und Geschäftigkeit
vom Leben in vergang`ner Zeit.

Sie lockt mit Charme und ruft Dir zu:
"Ich schenke Dir ein wenig Ruh`.
Komm über meine Dreisambrück`
und trinke Wein zu Deinem Glück.

Der Lauf des Flusses "Elz".

Das obere Elztal wurde früher - wie auch andere Täler im mittleren Schwarzwald - von den Kelten besiedelt.

Schon in einer Urkunde vom 5.8.1178 sind die Kirchorte Elzach und der heutige Stadtteil Elztal - Prechtal erwähnt. Die Pfarrei Elzach wurde 1275 errichtet und war umsiedelt von Handwerkern und Gewerbetreibenden, so dass sich ein Marktflecken entwickeln konnte.

Der Fluss Elz, der am „Briglirain" (1089m ü.M.) im Bereich vom Rohrhardsberg und Brend im Hochschwarzwald entspringt, wird im oberen Elztal von den Wassern aus den Seitentälern Fröschenbach, Reichenbach u.a. gespeist und erreicht bei der Stadt Elzach bereits eine ansehnliche Breite. Unterwegs zum Rhein wird die „Elz" von weiteren Bächen und Flüsschen aufgefüllt. (Biederbach, Yacher Bach und Wildgutach und bei Riegel kommen auch Dreisam und Glotter hinzu). Danach wird das Wasser im geraden Leopoldskanal zum Rhein geleitet.

Der Lauf der „Elz" durch das Elztal wird nebenstehend in Versform geschildert.

Die Elz entspringt am „Briglirain",
oben auf den Schwarzwaldhöhen
und fließt sehr zielbewußt zum Rhein,
will das schöne Bergtal sehen.

Durch Elzach eilt sie still verzückt,
ist jung und voller Zuversicht.
Sie schäumt zur „Fasnet" hochbeglückt
und zeigt ihr schelmisches Gesicht.

Großes Glück kann sie auch finden
im Tal dort in der grünen Au.
Bei Ober- und Niederwinden
erfreut sie sich am Himmelblau.

In Gutach, Kollnau, Waldkirch-Mitte,
verweilen will sie mittendrin,
äußert hörbar ihre Bitte,
bevor sie fließt zum Rheine hin.

Tannenwälder hat sie gerne,
blinzelt in den dunklen Gassen,
zeigt im Fluss die hellsten Sterne,
will den Schwarzwald nicht verlassen.

Doch Vater Rhein ruft tröstend zu:
„Ich warte auf dich, lieber Schatz.
Ich schenke Dir verdiente Ruh´,
in meinem breiten Bett ist Platz."

(1) Über die Heidburg ins obere Elztal

Wenn der Besucher vom Kinzigtal, von Haslach über die Heidburg (520 m ü.M.) anreist, kann er von der Passhöhe aus westwärts über den Schwarzwaldbergen das farbenprächtige Schauspiel des Sonnenuntergangs erleben, das sich über dem Rheintal abspielt.

Vielleicht wird er dieses Erlebnis auch in romantische Verse schmieden.

Übrigens:
Das Gasthaus „Zur Heidburg" gibt es heute nicht mehr. Es wurde nach einem Brand nicht mehr aufgebaut,

*Im Strahlenkranz verglüht ihr Licht,
rosarote Wölkchen blühen.
Bei Dämmerung ihr Gold erlischt,
der Tag flieht mit Abschiedsglühen.*

*Schickt letzten Schimmer ohn' Begehr,
im kalten Hauch zerfließt sie ganz.
Ein letztes Blitzen rings umher
erinnert noch an Glut und Glanz.*

*Ein bläulich Tuch mit hellem Rand,
in dem Silbersterne blinken,
sich hauchzart weit darüber spannt,
will in Dunkelheit versinken.*

Heidburg - Gasthaus 1900

(2) Über das Landwassereck ins obere Elztal

Wählt der Gast die Anreise vom Gutachtal über die Rothalde und die Passhöhe „Landwasser" ins obere Elztal hat er bereits von der Passhöhe einen herrlichen Blick ins Tal.

Dort beginnen auch empfehlenswerte und aussichtsreiche Wanderwege über die Schwarzwaldhöhen.

Um 1920 von Gutach kommend wollte ein Kutscher rasch seinen Durst mit kühlem Bier im „Rasthaus zum Landwasser" stillen. Was rücksichtsloser Eile auf Kosten anderer allerdings folgen kann, wird im nebenstehenden Gedicht beschrieben.

*Zwei junge Stuten vor dem Wagen
verspürten tiefes Unbehagen.
Am liebsten würden diese Beiden
in Freiheit auf der Wiese weiden.
Die Peitsche quälte ihre Rücken,
gestochen wurden sie von Mücken,
und des strengen Kutschers harte Hand
schlug sie, führte sie zum Straßenrand.
Die Kutsche kam dort von der Straße
und warf den Kutscher auf die Nase.
Vorbei war nun ihr Pferdeleiden;
sie durften auf der Wiese weiden.*

„Rasthaus zum Landwasser" um 1920

Elzach - Oberprechtal im oberen Elztal

(3) Von Schonach nach Elzach - Oberprechtal im oberen Elztal

Von Schonach im Hochschwarzwald führt eine kurvenreiche Straße entlang der Elz durch eine wildromantische Landschaft im hinteren Prechtal nach Elzach-Oberprechtal.

In Elzach - Oberprechtal hatte auch die Heimatdichterin Anna Hofheinz- Gysin (1881 - 1928) gelebt und sich mit dem Mundartgedicht „E Dörfli im Sege" ein bleibendes Denkmal gesetzt.

Es lohnt sich, in dem verträumten Stadtteil von Elzach Rast zu machen und am Fußweg entlang der Elz den springenden Forellen zuzuschauen.

Eine junge Bachforelle
sah die leuchtende Libelle
aus klarem Wasser sehnsuchtsvoll
und fand sie gleich zum Fressen toll.

Bewegte kraftvoll ihren Schwanz,
sprang in die Luft mit Eleganz
und machte gierig beim „Hinauf"
den zahnbestückten Rachen auf.

Die Libelle, alt, erfahren,
kannte diese Flußgefahren
und lenkte die Forelle fein
mit einer Wendung auf den Stein.

Der Fisch sprang nun mit letzter Kraft
zurück in seinen Lebenssaft.
Über ihm an gleicher Stelle
tanzte schwebend die Libelle.

Elzach - Oberprechtal um 1935

Nebenstehendes Bild zeigt den Stadtkern von Elzach - Oberprechtal um 1935.

An der ungeteerten Straße liegt rechts der Kammererhof.

Pferde spielten zur damaligen Zeit noch eine bedeutende Rolle und wurden von den übrigen Stallbewohnern auch beneidet.

*Ein alter Ochse steht im Stall,
strampelt und macht lautstark Krawall,
wenn junge Pferde nebenan
fast täglich dürfen ins Gespann.
Recht ärgerlich brüllt er herum
und macht vor Wut den Rücken krumm.
Da wird er plötzlich sehr rasant
am Leiterwagen angespannt.
Er wird gehetzt, zum Feld gejagt
und mit der Peitsche hart geplagt.
Nun träumt er von der schönen Zeit
im Stall bei viel Bequemlichkeit.*

Elzach - Stadtteil Oberprechtal um 1900 - rechts der Kammererhof

Elzach - Stadt alter Fastnachtstradition

Das Schwarzwaldstädtchen Elzach hatte um 1900 ca. 1200 Einwohner, die überwiegend mit Handwerk ihr Brot verdienten. In den zwanziger Jahren wuchs die Einwohnerzahl durch die Ansiedlung größerer oder mittlerer Betriebe. Nach dem Zusammenschluss mit Nachbargemeinden um 1975 stieg sie bis heute auf ca. 7000 Einwohner.

Die älteste Nachricht über das "Fastnachtliche Geschehen" in Elzach stammt aus dem Jahre 1530. Durch die Narrengestalt des „Schuttig" mit feuerrotem Zottelgewand, dem Schneckenhut mit dem Wollbollen und der schreckhaften Holzlarve ist die „Elzacher Fasnet" bundesweit bekannt geworden. Fasnet kann man nicht „beschreiben", wie in einem Faltblatt der Stadtverwaltung steht, man muss sie „erleben."

Das Bild zeigt Elzach um 1930 mit dem städtischen Krankenhaus im Vordergrund.

*Dort wo das Tal sich dreifach weitet
zur Heidburg, Prechtal und zur Schanz,
das Grün sich üppig ausgebreitet
und leuchtet in der Sonne Glanz.*

*Dort können Herzen Wurzeln schlagen.
Zur brauchtumsreichen „Fasnetzeit"
verlieren sich so manche Plagen,
verschwindet vieles Herzeleid.*

*Dort kannst du die Minuten zählen,
die eilig wie im Flug vergeh'n.
Willst du in Elzach dich vermählen,
so lass' es ruhig auch gescheh'n.*

Elzach - im Vordergrund das städtische Krankenhaus um 1930

Das nebenstehende Bild zeigt die Stadt Elzach von der anderen Talseite.

Im Vordergrund befindet sich der Bahnhof. Durch die Bahnlinie nach Elzach um 1901 war auch die Stadt im oberen Elztal an das Verkehrsnetz angeschlossen. Erst 1963 endete die Dampflokära auf der Elztalbahn.

Im Hintergrund auf einer Anhöhe liegt das um 1913 errichtete städtische Krankenhaus. Links oben ist, auch etwas undeutlich, die „Neunlindenkapelle" zu sehen.

Wie sich die Dinge von der Ferne in die Nähe verändern können, zeigt auch nebenstehendes Gedicht.

Aus der Ferne sieht Frau Bähe
sehr glatt und unentbehrlich aus.
Rückt sie langsam in die Nähe,
verändert sich der Augenschmaus.

Mancher trägt in weiter Ferne
ein schmuckes, großes Silberkleid.
In der Nähe wird es gerne
zur Kutte und ist viel zu weit.

Häufig wandeln sich Gesichter
von weiter Ferne in die Näh'.
Oft entdeckt ein armer Dichter
ganz nah' auch seinen eig'nen „Schmäh."

Elzach - im Vordergrund der Bahnhof, im Hintergrund das ehemalige städtische Krankenhaus um 1920

Das Rathaus wurde in den Jahren 1908/09 im neugotischen Stil erbaut.

Wie wirkungsvoll ein Rat der Behörde sein kann, hatte bereits Anfang des 20. Jahrhunderts ein Elzacher Haus- und Gartenbesitzer erfahren.

*Im Rathaus holte er sich Rat.
Danach schritt er sofort zur Tat,
denn seines Nachbarn Herdenhund
benässte wieder seinen Grund.
Mit einem Schild „Kein Hundeklo",
erklärte er dem Hunde so,
vor den Stauden der Tomaten,
was behördlich im geraten.
Den Herdenhund kannte jeder,
war kein dummer Hund, kein blöder.
Schließlich führte er die Schafe
aufmerksam fast wie im Schlafe.
Er kratzte auch mit seinen Pfoten
in seinem Leben Episoden.
Unmöglich wäre es gewesen,
des Nachbars „Krabbelschrift" zu lesen.
Was ihn erfreute allemal
betraf das Schild mit seinem Pfahl.
Ein klug' Verbot für diesen Hund
war der behördliche Befund.
Wenn er diesen Pfahl benützte,
nicht auf die Tomaten spritzte.*

Elzach - Rathaus erbaut 1908/09

Das Bild zeigt den Nikolausplatz mit Brunnen und Säule.

Dahinter thront der Adler mit ausgebreiteten Flügeln auf dem ehemaligen Kriegerdenkmal vor der mechanischen Leinenweberei Gebrüder Castell.

Auf der Anhöhe ist die „Neunlindenkapelle" zu sehen.

Auf dem Nikolausplatz kam es damals, wie auch heute, zu Begegnungen zwischen Freund und Feind.

Ein flinker, frecher, grauer Spatz
verliebte sich in eine Katz.
Zu Elzach in der Sonne Pracht
war seine Liebesglut erwacht.

Dort, wo vom April bis August
ganz heimlich wirkt die Liebeslust,
war im Strauche ganz vergessen
eine hübsche Katz' gesessen.

Der Spatz in seinem Liebeswahn
flog zu ihr hin und pfiff sie an.
Er sang sein Spatzenliebeslied
und lockte so der Katze Trieb.

Das Tier mit versteckten Krallen
fand an seinem Pfiff Gefallen.
Geschmeichelt sprach die Katzenfrau
recht arrogant: „Miau, Miau."

Der Spatz verbot sich Arroganz
und pickte sie in ihren Schwanz,
pfiff: „Du wirst mich niemals kriegen,
es sei denn, du lernst noch fliegen."

Elzach - Nikolausplatz um 1913

Die Schmiedgasse mit ländlichem Aussehen um 1920. Im Hintergrund befindet sich das neugotische Rathaus.

Ein Bürger von Elzach, der sich übermäßig von Hühnereiern ernährte, wollte nach einer Krankheit alle Hühner mit dem Fahrrad überfahren und sich an „falscher Stelle" für seine eigenen Fehler rächen.

*Er aß sehr gern ein Hühnerei,
zuweilen täglich - auch mal drei.*

*So kam es, wie es kommen muss
bei einer Ader zum Verschluss.*

*Er wollte danach Eier sparen
und alle Hühner überfahren.*

Elzach - Schmiedgasse im Hintergrund das Rathaus um 1920

Auf der Hauptstraße in Elzach sah man häufig eine gutmütige Hausfrau, die zu jedermann freundlich sein wollte und das Wörtchen „nein" nur im Notfall über die Lippen brachte.

*Immer möchte sie gefallen,
hier und dort im Städtchen allen.
Sie lächelt und gibt zu versteh'n,
wie froh sie ist, dich heut' zu seh'n.
Rasch findet sie mit viel Geschick
das rechte Wort hin und zurück
und steigert mit Gespür im Nu
Verständnis und Gefühl dazu.
Höflich und mit warmen Worten
kauft sie stets an and'ren Orten.
Sie haucht mit Freude gerne „Ja"
und „Nein" nur selten, hie und da.
Weil ihr das „Nein" auch schaden kann,
stellt sie es ganz weit hinten an..*

Elzach - Hauptstraße um 1930

Winden am Hörnleberg

Talabwärts gelangt der Besucher nach Ober- und Niederwinden (1178 erstmals urkundlich erwähnt). Winden gehörte ursprünglich - wie viele andere Dörfer im Elztal - zum Waldkircher Kloster. Später entstanden Ober- und Niederwinden, die zeitweise verschiedenen Herrschaftsbereichen zugeordnet waren.

Bekannt ist Winden durch die alte Wallfahrt zu „Unserer Lieben Frau" auf dem das Elztal beherrschenden Hörnleberg (905 m ü.M.).
Das nebenstehende Bild zeigt die Wallfahrtskirche um 1902.

In Winden wird auch die alte Tradition des „Strohschuhmachens" heute noch gepflegt.

Auf dem Hörnleberg soll in alter Zeit ein Schwarzwaldzwerg ein Gegenpol zu den Kandelgeistern gegründet haben, wie das Gedicht zeigt.

*Einst hauste oben am Hörnleberg
ein frommer, guter Schwarzwaldzwerg.
Er kannte die geheimen Ecken,
wo Kandelgeister sich verstecken.*

*Ihr schrill' Geheul war ihm zuwider,
er hasste freche Geisterlieder,
die wie aus „Hörnle" und Trompeten
zu ihm im Wind herüberwehten.*

*Bald konnte er auch Menschen finden,
im Tal und Dörfchen Oberwinden,
die schon seit vielen, vielen Jahren
sehr fromm und guten Glaubens waren.*

Hörnleberg bei Oberwinden um 1902

Das Simonswäldertal - ein romantisches Seitental

Das von der „Wilden Gutach" durchflossene Simonswäldertal, ein Seitental des Elztales, gilt als eines der schönsten Schwarzwaldtäler.

Der Ort Simonswald entstand im Zusammenschluss der Stadtteile Altsimonswald, Obersimonswald, Untersimonswald und Wildgutach in den Jahren 1970 und 1974.

Das Tal der „Wilden Gutach" bietet herrliche Wandermöglichkeiten. Eine Mühlenwanderung im romantischen Simonswäldertal ist ein „Muss".

Sehenswerte Einzelheiten hierzu - wie auch zu allen übrigen Städtchen und Orte des Elz- und Simonswäldertales - finden Sie im Ferien- und Freizeitführer über das Elztal mit seinen Seitentäler.

Das Bild zeigt eine Schwarzwaldmühle, die es auch in ähnlicher Art im Simonswäldertal gibt.

Die Sonne scheint auch dort teilnahmslos über das Tal.

---

*Sie blinzelt durch die Tannenzweige,
blitzt in das dunkle Grün,
spannt Silberfäden bis zur Neige,
lässt Wolkenberge glühn.*

*Sie sieht durch Scheiben stets gelassen,
wo Liebe herrscht und Glück,
weiß auch, wo sich die Menschen hassen,
gestritten wird ums Glück.*

*Sie strahlt für alle Menschen gleich
im Krieg und auch im Frieden
Kennt nicht arm und kennt nicht reich
auf uns´rer Erd' hinnieden.*

Eine typische Schwarzwaldmühle

Das Bild zeigt eine typische Schwarzwaldidylle mit einem kleinen Bach und einer alten knorrigen Tanne.

Wer zu den Naturfreunden zählt, wird an den Waldwegen immer wieder solche oder ähnliche „romantische Fleckchen" finden, die es auch in anderen Schwarzwaldtälern auf vielfältige Art gibt.

*Die Nadeln zittern im Winde
und blitzen im Sonnenlicht.
Es pfeift die uralte Rinde
ein sanftes, ew'ges Gedicht.*

*Auch Zweige mischen die Töne
und flöten in Resonanz,
klatschen in klangvoller Schöne
harmonisch im Sonnenglanz.*

*Der Beifall ist leises Rauschen,
das Busch und Bäume umschlingt.
Du kannst dem Orchester lauschen,
das dir im Winde erklingt.*

Schwarzwaldidylle

Gutach i. Breisgau - Ort der Nähseide

Die heutige Gemeinde Gutach i. Breisgau entstand 1974 durch den Zusammenschluss der Ortschaften Bleibach, Gutach i. Breisgau und Siegelau.

1864 wurde die bekannte Nähseidenspinnerei „Gütermann & Co" gegründet. Sie zählt zu den bedeutendsten Familienunternehmen im Elztal.

1901 wurde Gutach i. Breisgau auch an das Schienennetz angeschlossen. Außerdem lag der Ort immer verkehrsgünstig am Zusammenfluss der „Wilden Gutach" und der „Elz". Die Straßen führen von dort sowohl nach Elzach als auch nach Furtwangen und Villingen.

Vom Gutacher Stadtteil Bleibach aus beginnt auch der „Walderlebnispfad" mit lustigen Waldmännchen.

Eine Näherin hat in Gutach i. Breisgau ihr Glück gefunden.

Sie saß am Fenster und nähte,
als sie einen Mann erspähte.
Das Röllchen fiel ihr aus der Hand;
es traf sein' Kopf am Straßenrand.

Der Fremde war danach bereit
und schuf die traute Zweisamkeit.
Sie sah gleich den Knopf, der lose
hing an seiner Anzugshose.

So führte dann die Näherei
zu einer festen Liebelei,
er fühlte sich bei ihr geborgen
„gut vernäht" und ohne Sorgen.

Gutach i. Breisgau - Firma Gütermann (Nähseide) um 1960

Waldkirch - Stadtteil Kollnau

Das Bild zeigt den Waldkircher Stadtteil Kollnau mit dem im Hintergrund liegenden Kohlenbachtal.

Kollnau hatte 1930 ca. 3160 Einwohner.

Vom Kohlenbachtal aus kann man herrliche Wanderungen in die waldreiche Umgebung mit dem Blick auf den Kandel und in die „Freiburger Bucht" mit dem Freiburger Münsterturm beginnen.

Nach dem Krieg wurde Kollnau immer mehr durch den Tourismus erschlossen. Der Verfasser will sich den Bemühungen anschließen.

*Auf Kollnau reimt sich grüne Au
und sommerliches „Himmelblau".
Es reimen sich auf Frau Meier
gute frische Hühnereier.
An dem Baum vom Bauer Käpfel
hängen wunderschöne Äpfel
und der Nachbar Egon Gaumen
verkauft zuckersüße Pflaumen.
Der Dichter macht mit dem Füller,
Kollnau zum Touristenknüller.*

Waldkirch - Stadtteil Kollnau im Hintergrund das Kohlenbachtal um 1930

Die Elz im Vordergrund, dahinter die Silhouette von Waldkirch - Kollnau.

Am Ufer des Flusses findet sich an Sommertagen immer wieder ein Plätzchen zum Träumen oder Nachdenken.

Dort soll sich auch ein Lehrer überlegt haben, wie er seinen Schülern das Alphabet in Versform erklären kann.

*Das „O" ruht stets auf festem Stand,
das „I" kommt aufgestelzt daher,
das „A" herrscht übers weite Land,
mit „U" geht Dunkelheit umher.*

*Das „E" steht überall dabei;
verbindet sich zu einem „EI".
Auch das „Ä", „Ö", „Ü", sind schöne
wohlgeformte Zwischentöne,
erfreuen sich an ihrem Sein
und wollen unentbehrlich sein.*

*Die „leisen" and'ren Buchstaben
müssen „laute" bei sich haben,
andernfalls - und das ist sicher -
bleiben sie stets arme „Zischer".*

Stadtteil Waldkirch Kollnau - im Vordergrund Fluss Elz um 1960

Das Bild zeigt einen idyllischen Winkel von Waldkirch - Kollnau.

Auf der Dachrinne des Hauses im Winkel saß ein Vogel mit buntem Federschmuck und sang in der Abendsonne ein Lied, als Tante Frieda Muck mit ihrem Mann zu Besuch kam.

Dass sie den Vogel beim Singen gestört hatte, zeigt nebenstehendes Gedicht.

*Ein Vogel keck und munter
im bunten Federschmuck,
sieht von dem Dach herunter
auf Tante Frieda Muck.*

*„Ach, schau mal dieser Schöne",
sie voll Entzücken spricht.
„Hör seine Zaubertöne,
er singt im Abendlicht."*

*Der Vogel sehr beflissen,
fühlt sich gestört im Schwung.
Zum Dank hat er geschi...
auf Mucks Bewunderung.*

Waldkirch - Stadtteil Kollnau im Winkel um 1967

Waldkirch - die Kandelstadt

Am Fuße der markanten Ruine Kastelburg liegt das kulturelle und wirtschaftliche Zentrum des Elztales mit der Edelsteinschleiferei (seit dem 15. Jahrhundert) und dem Orgelbau (seit Beginn des 19. Jahrhunderts).

In früherer Zeit besaß der ehemalige Klosterbezirk St. Margarethen eine große Bedeutung für das Elztal.

Von geschichtlichen Entwicklungen unberührt, dominierte der Berg der Geister und Hexen, der Kandel (1243 m ü. M.) über der Stadt.

Waldkirch galt von jeher auch als „Brutstätte" alemannischer Fastnacht.

Dort befindet sich auch das Elztalmuseum.

Für dort lebende Elztäler ist Waldkirch (16 km von Freiburg i. Breisgau entfernt) eine Heimat, die keiner gerne verlässt.

*Segle stolzer Bussard
zum alten Turm,
der über dem Wald auf die Kirche blickt,
bezwinge über den Dächern
den Sturm,
der dich hoch in die dunklen Wolken schickt.*

*Spann' deine Flügel weit
über das Tal
und Berge, die dir von jung an bekannt.
Bewahr' Wald und Kirche
vor Not und Qual,
die Heimat, dein Waldkirch im Badnerland.*

Waldkirch - Blick vom Heldenkreuz um 1960

Ein unruhiger Gast übernachtete in
Waldkirch um die Jahrhundertwende.

Dort ließ ihn eine klare Mondnacht
zunächst keinen Schlaf finden.

Ob ihn der Gedanke an eine schöne
Elztälerin am Schlaf gehindert hatte,
konnte nicht ermittelt werden.

*Das Licht hat ihn erschreckt,
er hat sich zugedeckt.
Die Zeit schleicht durch die Nacht.
Die Glocke schlägt und sacht
streicht Mondlicht die Decke.*

*Er zählt auch die Stunden
und fühlt sich geschunden.
Die Zeit schleicht durch die Nacht.
Die Glocke schlägt und sacht
streicht Mondlicht die Decke.*

*Er findet es nicht nett
in seinem hellen Bett.
Die Zeit schleicht aus der Nacht.
Die Glocke schlägt und sacht
streicht Sonnenlicht die Decke.*

Waldkirch - Marktplatz um 1930

Waldkirch mit Blick auf dem Marktplatz, über dem im Hintergrund die Ruine der Kastelburg thront.

Die Ruine, der im dreißigjährigen Krieg (1618 - 48) zerstörten Wehranlage mit ihrem markanten Burgfried, ist unübersehbar.

Ein bequemer Weg zur Ruine beginnt hinter dem Waldkircher Bahnhof.

Wie viele „Schwarzwaldsöhne" bei kriegerischen Handlungen ums Leben kamen, ist nicht mehr feststellbar.

Der Mächtige will hoch hinaus,
baut Burgen überm Wald und Haus.

Strategisch zeigt er seine Kraft
und schüchtert ein die Gegnerschaft.

Belohnt die Treuen seiner Wahl
mit Schutz und Schirm
im Schwarzwaldtal.

Waldkirch - Marktplatz - im Hintergrund die Kastelburgruine um 1935

Das Hotel „Löwenpost" mit der Speisegaststätte „Futtergang" war eine wichtige Station für Pferdekutscher, lange bevor moderne Autos den Weg für hungrige Pferde versperrten.

Der „Futtergang" wurde in den sechziger Jahren abgebrochen

Mit einer Pferdekutsche soll auch ein Fräulein Löwe in Waldkirch angekommen sein, die schon wegen der Namensgleichheit im Hotel „Löwenpost" übernachtete.

*Im Sternbild Löwe hochgeboren
sich Fräulein Löwe zeigen will.
Die Löwenmähne kurz geschoren,
ihr Löwenmäulchen stand nie still.*

*Im Hotel „Löwen" eingezogen,
kam ein junger Mann ins Schwitzen,
sie war so schön und ungezogen,
ließ den feschen Jüngling sitzen.*

*Aus Fräulein „Löwe" wurde später
in Waldkirch eine Madame „Stier",
und dies gelang dem Übeltäter
mit Löwensenf zu Wurst und Bier.*

Waldkirch - ehemaliges Hotel „Löwenpost" mit „Futtergang" um 1930

Das Hotel „Rebstock" liegt in der Langestraße. In ihm befand sich ein Saal, wo auch die Narrenzunft ihre Veranstaltungen abhielt.
Das Hotel war stets eine beliebte Unterkunft für Gäste.

Allerdings kann zuviel des guten Weins auch zu Missverständnissen führen, wie das Gedicht zeigt.

*Im Rebstock wandelte der Wein
sein Blick zu einem Mädchen fein.
Es wurde schön, ihm wurde klar,
dass es 'ne richt'ge Schönheit war.*

*Selbst des Mädchens lange Nase
schrumpfte nach dem sechsten Glase.
Ihr großer ausgebeulter Kropf
verzierte jetzt den großen Kopf.*

*Ihr Körper, etwas ungeformt,
erschien ihm makellos genormt
und nach dem siebten Glase Wein
packte er sie am Wadenbein.*

*Nun wurde auch dem Mädchen klar,
dass dieser Gast besoffen war.
Sie fasste ihn an seinem Arm
und warf ihn raus mit ihrem Charme.*

Waldkirch - Hotel „Rebstock" um 1937

Das alte Amtshaus wurde wegen seines baufälligen Zustandes in den sechziger Jahren abgerissen.

Heute befindet sich dort die Gaststätte „Pfeffermühle".

> *Im Alter wird es wieder schön,*
> *gar wertvoll ist es anzuseh'n*
> *das alte, alte Ämterhaus.*
> *Nun putzt es sich erneut heraus.*
> *Die Farbe blättert von ihm ab,*
> *der Mörtel bricht, wird spröd und matt,*
> *fällt und kann sich nicht mehr halten.*
> *Der Schöpfer der Erdgewalten*
> *hat im Programm „Vergänglichkeit".*
> *Er gibt den Dingen Herrlichkeit,*
> *erweckt, bevor sie ganz vergehen*
> *noch Hoffnung auf ein Auferstehen.*

Waldkirch - ehemaliges Amtshaus um 1950

Obwohl die Vorlage zu diesem Bild aus dem Jahre 1950 stammt, erinnert sie an ein Stadtbild vom Anfang des zwanzigsten Jahrhunderts.

Ein Brunnen, eine dörflich aussehende Straße, im Hintergrund die Ruine Kastelburg.

*Ein Brunnen in der alten Straße
erinnert an die alte Zeit.
Er war für Bürger die Oase,
ein Ort mit viel Geschwätzigkeit.*

*Die „Base" sei gesehen worden,
als sie das Haus vom Sepp verließ,
von dem man sagte allerorten,
er gäbe für die Liebe „Kies".*

*Nun entstand viel Ärger ringsumher,
dort am Brunnen in der Straße;
man verachtet heimlichen Verkehr
mit recht deutlicher Ekstase.*

*Frau Müller machte nun bekannt,
dass alles doch ein Irrtum sei.
Sie wär' ins Nachbarhaus gerannt;
es gäbe keine Liebelei.*

*Am Brunnen in der alten Straße
verbreitet sich Erleichterung.
Er war für Bürger die Oase,
ein Ort auch der Begnadigung.*

Waldkirch - Dettenbachstraße um 1950

Die Straße führte über die 1908/09 errichtete Stahlbogenbrücke. Im Hintergrund sieht man die Kastelburg.

Die Witwe Lisa soll dort mit ihrem Lebensgefährten im Pferdewagen über die Brücke gefahren sein.

> *Ich bin das dritte Rad am Wagen,*
> *so überflüssig wie ein Kropf,*
> *hört man die Witwe Lisa klagen*
> *mit ihrem junggeblieb'nen Kopf.*
>
> *Hans-Erwin, der kein „Schätzle" findet,*
> *fühlt sich verlassen und allein.*
> *Er weiß, dass gleiches Leid verbindet*
> *und schleicht geschickt sich bei ihr ein.*
>
> *Bald fahren sie im Pferdewagen*
> *durch's Elztal mit dem alten Schmerz*
> *und finden schon nach wen'gen Tagen*
> *den freien Platz in ihrem Herz.*

Waldkirch - Großherzog-Friedrich-Straße heute Adenauer-Straße mit der 1908/09 errichteten Stahlbogenbrücke

Der „Jünglingssteg" ist die Verbindung für Fußgänger über die „Elz" zur Elztalbahn.

Damals gab es im Elztal andere Probleme als heute das vom Jüngling „Roberto aus Italia".

*Roberto aus Italia
war längst im Tal zuhaus.
Trotz Heimweh war er gerne da,
verschmähte keinen Schmaus.*

*Er griff auch gern zum Telefon,
rief seine Mama an,
bewegte seine Hände schon,
bevor sie richtig dran.*

*Das Handy kam, er kaufte grad
das Beste für den Mann
und setzte sich geschwind aufs Rad,
rief seine Mama an.*

*Da zeigte sich ein groß' Problem,
die Hand am Lenker fest.
Er fand das Handy unbequem,
am Ohr nicht fest gepresst.*

*Er redete auch noch verkehrt,
stieg darum vom Radel,
sprach mit der Mama unbeschwert,
frei und ohne Tadel.*

Waldkirch - „Jünglingssteg" um 1929

Das Mühlrad trieb die Maschinen einer mechanischen Werkstatt an. Sie war in den fünfziger Jahren noch in Betrieb.

In den Abendstunden zeigen dort einzelne Fledermäuse ihre Flugkünste.

*Die Fledermaus im Abendlicht
genießt die Mückenspeise.
Sie kurvt und flattert ohne Sicht
auf ihrer Schlemmerreise.*

*Mit leisem Schwung und Flügelschlag
huscht sie um Blätterspitzen,
weil sie die leck'ren Häppchen mag,
die um die Büsche flitzen.*

*Sie navigiert so meisterhaft,
lautlos schnell im Dämmerlicht
und sie ernährt sich flatterhaft
bis zum hellen Sternenlicht.*

Waldkirch - Elzstraße um 1950

Das Bild zeigt im Vordergrund den Fluss Elz. Dahinter die herausragende ehemalige Brauerei Mutschler am Fuße der Kastelburg. Das Brauereigebäude wurde 2002 abgebrochen.

Das Elztal besitzt an dieser Stelle noch die typischen Merkmale eines Tales.

Himmel, Berge und ein Fluss sind für jedes Tal ein „Muss",

sonst verliert das Tal den Namen, wird zum Flachland ohne Rahmen.

Waldkirch - Elz im Vordergrund, im Hintergrund „Unteres Amtsfeld"
und die ehemalige Brauerei Mutschler um 1967

Das ehemalige Gasthaus „Zur Arche" befand sich neben der Brauerei Mutschler unterhalb der Kastelburg.

Auch dort wurde damals am Stammtisch kräftig an der „Verschlimmerung" eines „Gerüchtes" mitgearbeitet.

> *Was passiert im Dorf und „Städtle"?*
> *Amtlich steht's im „Rathausblättle".*
> *Das Andere wird aufgebläht*
> *und fortgetragen sehr diskret.*
>
> *Erst wird Fritz vom Tier gestochen,*
> *kurz danach sein Bein gebrochen,*
> *später lag er schon im Sterben,*
> *und man sprach mit seinen Erben.*
>
> *Als Fritz als „Toter" dann erschien,*
> *erklärte unser Benjamin:*
> *„Tote können überleben*
> *und ins „Städtle" sich begeben."*

Waldkirch - ehemaliges Gasthaus „Zur Arche" um 1960
(neben der Brauerei Mutschler, unterhalb der Kastelburg)

Am Stadtrainsee gibt es verträumte Winkel, hie und da aber auch bescheidenes Moos am bewaldeten Rain, das die Natur in ihrer brillanten Vielfalt und Verschwendung zum kostbaren Kleinod werden lässt.

*Natur als Maler wohlbekannt
fährt mit dem Pinsel über's Land.
Und drüben beim bescheid'nen Moos
reißt sich verliebt ein Farbtropf los
und gleitet mit brillantem Glanz
das Moos hinab, verläuft sich ganz.
Nun wird in seiner Silberhaut
das Moos zur wunderschönen Braut.*

Waldkirch - Stadtrainsee um 1963

Wie überall an den Stammtischen gab es auch in Waldkirch „Streithähne", die sich gegenseitig übertrumpfen wollten. Neid über etwas mehr oder weniger Anerkennung ist überall auf der Welt eine Dummheit.

Rechts im Hintergrund des Bildes ist die Sparkasse im alten Gewand zu sehen.

*Am Tisch vieler Eitelkeiten
saßen Adelbert und Tuhm.
Ständig mussten sie sich streiten
um ein kleines Scheibchen Ruhm.*

*War von Tuhm die Scheibe breiter,
gab es wieder neuen Krach.
Adelbert der dumme Neider
gab in keiner Weise nach.*

*Dummheit hat auch keine Flügel,
ist außerdem schlecht zu Fuß,
weil der Tisch, wohl oder übel,
Eitelkeiten tragen muss.*

*Und wird der Tisch dann abgedeckt
für Adelbert und für Tuhm,
wird irgendwo er neu gedeckt
mit viel Dummheit, Neid und Ruhm.*

Waldkirch - Damenstraße um 1960, links das Gasthaus „Deutscher Hof"

Beim Bau der Umgehungsstraße wurde der „Hugenfränzele-Hof" abgerissen.

> *Die Straße hat ein Ziel.*
> *Sie macht mobil,*
> *hält auch agil,*
> *wird zum Fossil*
> *und instabil.*
> *Doch stets hat sie ein Ziel.*

Waldkirch - „Hugenfränzele-Hof" an der alten Bundesstraße B294 in den fünfziger Jahren

Hier an der Bundesstraße von Suggental in Richtung Waldkirch kommen sich Straße und Fluss sehr nahe.

Unzählige Flugsamen der Bäume werden vom Wind in den Fluss getrieben und können ihren Zweck nicht erfüllen.

> *Baumsamen schweben über dem Fluss,*
> *sie wollen nicht fallen, sie steigen im Wind,*
> *streifen die Gräser, rasten zum Kuss*
> *und fliegen umher, auf und ab sehr geschwind.*
>
> *Suchen vergeblich auf weitem Feld,*
> *vertrieben, verjagt, sich selbst überlassen,*
> *fruchtbaren Boden in dieser Welt*
> *im steinigen Winkel und in Terrassen.*
>
> *Sie suchen, wie wir, im fremden Land*
> *mit Zweifel und Vorsicht den richtigen Platz,*
> *getrieben vom Zufall, mit Verstand,*
> *und im stetigen Hoffen auf einen Schatz.*

ehemalige Bundesstraße B294 von Suggental in Richtung Waldkirch um 1950

„Ehrgeizige Wandervögel" sind mit Eifer auf den Kandel gelaufen. Jeder wollte der Erste sein, doch nur einer von ihnen ist der erste Sieger. Der Rest musste sich schweren Herzens damit abfinden.

Vor dem Ziel, oft unerklärlich,
wird das letzte Stück beschwerlich.
Der Läufer Fritz lief makellos.
Am Ziel war er ein Trauerklos,
weil er mit letzter Willenskraft
das Ziel als erster nicht geschafft.
Er muss es tragen, so und so,
dem dritten geht es ebenso,
den er vom Publikum umjohlt,
kurz vor dem Ziel noch überholt.

Kandel - das alte Kandelhotel vor dem Brand 1953

Das Rasthaus brannte am 23.11.1953 und am 25.05.1974 erneut ab, doch es wurde immer wieder aufgebaut.

Das Streben nach oben verdient zu allen Zeiten eine erholsame Rast.

Oben auf dem Kandel regierte auch der Wandel.

Nach der Aufstieg Lasten muss der Wand'rer rasten.

Kandel- Rasthaus auf dem Kandelgipfel (1245 m ü.M.) vor dem Brand am 23.11.1953

Der sagenumwobene Kandelfelsen stürzte 1981 in der Walpurgisnacht um 0 Uhr 17 den Abhang hinunter.

Wer Näheres über einen „Fürst unter den Schwarzwaldbergen", über Sagen zum Kandelfelsen wissen will, wird das Buch „Der Kandel" von Hermann Rambach, erschienen im Waldkircher Verlag 1982, empfohlen.

Ob dabei die Hexen oder Geister vom Kandelmassiv mitgewirkt haben?

*Der Wind heult in der dunklen Nacht,
lautstark zittern Wald und Felsen.
Nun sind die Geister aufgewacht,
die auch Moos und Steine schmelzen.*

*Dumpfes Rollen, lautes Krachen,
schon öffnet sich ein tiefer Spalt.
Hexengeister hämisch lachen
und kichern aus dem Hinterhalt.*

*Ein Blitz, ein Knall, es bricht der Stein,
es stürzt der Fels ins Tal mit Macht.
Die Hexen zeigen uns ihr Sein
in finsterer Walpurgisnacht.*

Waldkirch - Kandelfelsen vor dem Absturz 1981

S'Plattewieble war als pfeifen-
rauchendes Schwarzwälder Original
weit bekannt.
Sie war nur 1,40 m groß und lebte
von 1858 bis 1936 auf dem
Langeckerhof St. Peter - Platte.

Sie ist den Elztälern in Erinnerung
geblieben.

*Zeigt ein Mensch die eig'ne Blöße,
verhält er sich nicht ganz normal,
wird er auch bei wenig Größe
für and're zum Original.*

*Menschen, die ganz ohne Farbe,
sind angepasst, bedeutungslos,
werden mit der kleinsten Narbe
erst frei und unvergesslich groß.*

Langeckerhof St.Peter Platte - S'Plattewieble (1858 - 1936)

Waldkirch - Stadtteile Buchholz / Siensbach

Demjenigen, der mit dem aus Waldkirch stammenden Hirschen-Bier seinen Durst nicht stillen konnte, wird noch ein „Viertele" aus dem Stadtteil Buchholz empfohlen.

Bei einer längeren „Biersitzung" könnten auch Probleme entstehen. Allerdings lässt sich die Verdauung auf herrlichen Wanderwegen von Siensbach oder Buchholz wieder in Ordnung bringen.

Die Kirche im Stadtteil Buchholz wurde 1969 abgebrochen und durch einen modernen Glas-Beton-Kirchenbau ersetzt.

*Das frische Bier läuft ganz vorzüglich
rasch durch des Körpers Labyrinth.
Beim Sitzen haftet es vergnüglich
im Darm und sorgt für Magenwind.*

*Wer demgemäß zu lang gesessen,
quält auch des wilden Windes Schmerz.
Entwischt der Wind nicht unterdessen,
so drückt er außerdem aufs Herz.*

*Sei doch ehrlich, Mensch, befreie dich,
recht weit entfernt von Freund und Feind
und fällt auch ein böser Blick auf dich:
„Dein Körper hat es gut gemeint."*

Waldkirch - Stadtteil Buchholz in den sechziger Jahren

Waldkirch - Stadtteil Suggental

Im Stadtteil Suggental gab es eine Schwefelquelle und das „Schwefelbaden" lässt sich bis ins 14. Jahrhundert verfolgen.

Im 13. Jahrhundert prägte der Silberbergbau den Ort. Die Silberminen wurden 1298 nach einer Wasserflut jedoch zerstört.

Irgendwo am Berghang stand in früheren Zeiten auch ein Apfelbaum.

*Ein knorrig alter Apfelbaum
verirrte sich im Jugendtraum.
Bestückt mit Äpfel an den Ästen
im Norden, Süden, Osten, Westen,
sei er der reichste Baum am Hang,
war stolz und voller Überschwang.
Alles tat er, sich zu zeigen,
stritt mit dem Wind in seinen Zweigen
und bot der bunten Vogelschar
den schönsten Platz im ganzen Jahr.*

*Doch plötzlich brach ein voller Ast
laut unter seiner Früchte Last,
stürzte, fiel ihm aus der Krone
zur Freud' aber auch zum Hohne
der Nachbarbäume ringsumher.
Nun wurde ihm das Leben schwer.
Er wachte auf aus seinem Traum,
war froh, dass er als Purzelbaum
im Winde noch nicht umgeknickt,
war glücklich, dass er unbestückt.*

Waldkirch - Stadtteil Suggental um 1960

Denzlingen

Denzlingen lag einst am sogenannten „Herweg", der von Riegel ins Glottertal führte.

Zu den bemerkenswerten Türmen von Denzlingen zählen der Storchenturm und der Turm der evangelischen Georgskirche.

Die Besucher konnten früher in Denzlingen in den Dampfzug der Elztalbahn steigen, um zu den Sehenswürdigkeiten der Schwarzwaldmetropole Freiburg i. Breisgau zu gelangen.

Nicht nur dort, wo hohe Türme stehen, gibt es Schatten, wie das Gedicht zeigt.

*Wo Sonne scheint, gibt's auch Schatten,
überall, selbst alte Latten
werfen Schatten auf den Grund.
Auch um meiner Liebsten Mund
liegt der Schatten ihrer Nase.
Dort ein Storchenpaar im Grase
wirft den Schatten auf die Wiese.
Schattig ist's bei Tante Liese
an der Hauswand nah am Graben.
Alles muss auch Schatten haben.*

Denzlingen - Storchenturm

Freiburg im Breisgau Ankunft in der Unterstadt

Das schöne alte Freiburg i. Breisgau, das Ziel nach der Reise durch das Elztal, zeigt sich schon aus der Ferne mit dem die Stadt überragenden Münster „Unser lieben Frau". Der Turm in seiner feinen Gestaltung ist 116 m hoch und bietet dem Besucher einen herrlichen Rundblick über die Stadt und auf die markanten Bauwerke im Altstadtbereich.

*Wo an hell' und trüben Tagen
das Münster holt sich Himmels Rat,
hört man viele Menschen sagen:
„Schön ist es hier in uns'rer Stadt."*

*Wo's Bächle durch die Straßen fließt
und leise murmelt vor sich hin,
wo jeder gern den Fremden grüßt,
herrscht überall ein froher Sinn*

Freiburg i. Breisgau - Eisenbahnstraße um 1910

Der Hauptbahnhof wurde am 30. Juli 1845 seiner Bestimmung an der Rheintalstrecke übergeben. 1852 befand er sich noch inmitten von Wiesengelände, bevor die Bebauung im Bahnhofsbereich begann und in Stühlingen, westlich des Bahnhofes, die ersten Gebäude an Straßen entstanden. Er war seit damals immer wieder ein Ort des Wiedersehens und des Abschiedsnehmens.

*Es naht der Zug erwartungsvoll
und rauscht sein Lied in Dur und Moll.*

*Wer bleibt, wenn sich die Räder drehen,
hofft auf ein frohes Wiedersehen.*

Freiburg i. Breisgau - Hauptbahnhof um 1910

Freiburg im Breisgau Am Weg zum Münster

Am Weg zum Münster stand die alte Universität.

Das Bild zeigt das ursprünglich zweiteilige Bürgerhaus, das ab 1896 zum neuen Rathaus umgebaut wurde. Das benachbarte alte Rathaus wurde nach der Zerstörung 1944 wieder errichtet.

Schon damals hatten die Studenten der Erstsemester mit dem anfänglich schwer verständlichen Wortschatz ihrer Fachrichtung zu kämpfen. Später wurde dieses „Sprachenkleid" mit Stolz getragen.

Der Wissenschaften Sprachenkleid
trägt sich recht elitär.
Die Wissenschaft säh einfach aus,
wenn dieses Kleid nicht wär.

Das bunte Kleid, wenn man es zeigt,
glänzt mit fremden Worten,
ist sehr begehrt und sehr verzweigt;
bestückt mit Rekorden.

Doch irgendwann verschleißt es dann
beim alten Doktor Spät,
der schließlich sagt, so dann und wann,
ein Wort, das man versteht.

Freiburg i. Breisgau - Alte Universität vor 1896

Am Franziskanerplatz, gegenüber dem Rathaus, befindet sich auch die von den Franziskanern (1262) errichtete Kirche St. Martin.
Ihr Turm wurde auf Anraten des Volksschriftstellers und Pfarrers Dr. Heinrich Hansjakob aus Haslach i. K. gebaut.
Nach der Zerstörung 1944 wurde der Turm in einfacher Form wieder hergestellt.

Heinrich Hansjakob, ein Freund Markgräfler Weine, gründete u.a. auch 1881 die Winzergenossenschaft in Hagnau am Bodensee. Der „Affentaler" Rotwein dürfte ihm auch bekannt gewesen sein.

*Vom „Affentaler" Rotwein
weiß mancher, was er hat.
Mild wird er dir geboten
in einer schönen Stadt.*

*Zuerst sitzt du alleine,
den Kummer du begießt,
bis dann aus rotem Weine
ein Affe dich begrüßt.*

*Er löst dir deine Zunge,
macht deine Augen wach,
und wie ein kleiner Junge
machst du ein wenig Krach.*

*Zunächst ist er manierlich,
der Affe aus dem Tal
und mischt sich recht possierlich
in deinen Redeschwall.*

*Allmählich wird er schwerer,
wenn du dich vorwärtsbückst,
das Glas wird schneller leerer,
weil er erheblich drückt.*

*Du lachst nun schrecklich nette,
dass selbst der Wirt spendiert.
Nun gehe rasch ins Bette,
bevor du dich blamierst.*

Freiburg i. Breisgau - Kirche St. Martin um 1911

Nach der Raumknappheit im Universitätsgebäude in der Bertholdstraße wurde die neue Universität nach den Plänen von Friedrich Ratzel begonnen. Nach dessen Tod führte Hermann Billing den Bau im Jugendstil weiter.

Opa Stof war es durch die Kriegswirren im 2. Weltkrieg und dem Ausfall von Schulstunden nicht möglich gewesen, die Universität zu besuchen. Nun hofft er, dass sein Enkel, auf den er sehr stolz ist, diesen Mangel bei ihm beseitigen kann.

*„Mein Enkel ist sehr auf der Hut",
sagt der stolze Opa Stof:
„Benimmt sich wie ein Tunichtgut
und spricht wie ein Philosoph."*

*Manchmal sehe ich hie und da,
ein' Schlitz in seinen Ohren.
Doch ist ihm auch Erkenntnis nah,
dann bleibt er ungeschoren.*

*Ich wünsche ihm den klaren Blick,
damit er ungeblendet
nur vorwärts fällt und nicht zurück
und froh als Opa endet.*

Freiburg i. Breisgau - Neue Universität und Bibliothek um 1913

Das Stadttheater mit seiner barocken Gestalt wurde 1910 erstellt. Das Bild zeigt seine ursprüngliche Form.

Eine Vielzahl von Opern, Operetten oder Theaterstücke wurden seit damals zur Freude der Besucher aufgeführt.

Manchmal wollte auch eine Rheinschnake im Orchester mitspielen.

*Eine stolze Schnake flink und fein
flog auch ins Stadttheater rein.
Sie summte als mobile Geige
vorbei am Ohr von Anton Feige
und geriet danach zu Witwe Rang,
als das schöne Wolgalied erklang.
Die Witwe schüttelte ihr Haupte,
weil sie an eine Störung glaubte.
Der Schnake tat die Verneinung weh
und rasch flog sie auf ihr Dekolleté.
Dort wollte sie den Beifall holen
für ihre ersten Kapriolen.
Auch als das Wolgalied verklungen,
war ihr kein Schnakenstich gelungen.
Nun hat sie schnell den Raum verlassen;
sie konnt' nicht zum Orchester passen.
D'rum geigt sie heute ganz alleine
privat des Nachts bei Egon Beine.*

Freiburg i. Breisgau - Stadttheater um 1910

Freiburg im Breisgau Rund um das Münster

Damals fuhr durch die Bertholdstraße noch keine Straßenbahn. Pferdefahrzeuge bestimmten das Straßenbild und hübsche Mädchen gingen häufig zu Fuß auf Männerfang.

Auch in unseren Tagen erlebte ein junger Student sein Wunder, wie im Gedicht berichtet wird.

*Ein Mädchen mit blauen Augen
sieht er verträumt im Sonnenschein.*

*Ist verzaubert, kann's nicht glauben;
es muss ein wahres Wunder sein.*

*Das Wunder mit goldgelben Haar
verschwindet schnell wie's gekommen.*

*Er ist berauscht und taumelt gar,
ist in Freiburg ganz benommen.*

*So denkt er nun ganz insgeheim:
Hier müssen Mädchen Engel sein.*

Freiburg i. Breisgau - Universitätskirche und Bertholdstraße um 1900

Mit Spreng- und Brandbomben beim Fliegerangriff 1944 wurden große Teile der Stadt Freiburg, die alte Universitätskirche und die Bertholdstraße mit ihren historischen Gebäuden zerstört; ganze Straßenzüge wurden in Schutt und Asche gelegt.

Der Krieg hat mich gefunden und schlug mich tüchtig platt.

Er hat mich sehr geschunden, der alte Nimmersatt.

Freiburg i. Breisgau - Universitätskirche und Bertoldstraße um 1945

Bei einem Bummel über den Münsterplatz entdeckt der Besucher die Vielzahl filigran gestalteter Türmchen und Wasserspeier, die das Münster zieren.

An der Südseite des Münsters befindet sich auch das - auf dem Bild nicht sichtbare - vor 1532 errichtete historische Kaufhaus mit rotleuchtender Fassade. Unweit davon eines der schönsten Bürgerhäuser aus dem 18. Jahrhundert, das „Haus zum schönen Eck", auch nach dem Erbauer Wentzinger (1710 - 1797) „Wentzingerhaus" genannt.

An der Nordseite des Münsterplatzes befindet sich das Kornhaus mit seinen Stufengiebeln.

Freiburger Lausbuben haben zur Winterzeit kein Auge für die Schönheiten des Münsters. Sie werden durch einen mit Schnee bedeckten Mann zu einer kreativen Leistung angeregt.

Schneeflocken überm Münsterturm,
Eisblumen an den Scheiben.
Ein aufgewachter Wintersturm
beginnt sein wildes Treiben.

Ein Fremder kommt des Weg's daher,
er geht dort Richtung Norden
und ist im Sturm so nebenher
ein Mann aus Schnee geworden.

Weil er ihnen „ausgerissen",
erschaffen Buben nebenan
hastig und mit großem Wissen
ein' Schneemann, der nicht laufen kann.

Freiburg i. Breisgau - Münster, Südquerhaus und Chor, um 1906

Im Hintergrund die Türme des Münsters „Unser lieben Frau". Im Hauptturm hängt die 1258 gegossene Glocke „Hosanna", die zu den ältesten in Deutschland zählt.

Zum Münster kommt der Besucher auch durch die Herrenstraße.

Während der vier Jahreszeiten wird das Münster jeweils von einem veränderten Natur- und Stadtbild umgeben. Im Inneren des Münsters indessen herrscht ein wohltuendes Gleichmaß.

Wenn umgibt dich Sommerschwüle,
heiße Luft am Münster steht,
herrscht im Inner'n milde Kühle,
die dich einläd zum Gebet.

Wenn der Herbstwind braune Blätter
um das hohe Münster weht,
ruft die Kirche bei dem Wetter
zuversichtlich zum Gebet.

Liegt der Schnee auf Weg' und Dächer,
erfasst dich Frost früh und spät,
schützt die Kirche wie ein Fächer,
gibt dir Zeit für ein Gebet.

Alle Herrlichkeit ist drinnen,
draußen ist das laute Tun,
Frühling kannst du nur gewinnen,
wenn Gedanken in dir ruhn.

Freiburg i. Breisgau - Herrenstraße zum Münster um 1935

Links auf dem Bild ist der so genannte Museumsbau zu sehen, der 1944 beim Fliegerangriff zerstört wurde.

Im Vordergrund der Fischbrunnen. Er steht heute auf dem nördlichen Münsterplatz.

Im Hintergrund das Münster, das Wahrzeichen der Stadt. Durch das Portal in mittelalterlicher Bildhauerkunst gelangt der Besucher in ein Mittelschiff mit aufragenden Pfeilern. Der Triumphbogen des Mittelschiffes zeigt die Krönung von Maria, die um 1877 vom Freiburger Ludwig Seitz gemalt wurde.

Für Gläubige kann der Aufenthalt im Münster eine Befreiung bedeuten.

*Der Turm wie ein Fingerzeig,
für jeden hoch und wahr,
rechts und links der Bürgersteig,
ein Brunnen hell und klar.*

*Wer auf dem Wege hastet
mit Sorgen aller Art.
Das Münster ihn entlastet,
wenn er sich offenbart.*

*Übernimmt den Abtransport
vieler schwerer Steine,
zahlt mit Frieden im Akkord,
macht auch leichte Beine.*

Freiburg i. Breisgau - Münsterstraße um 1935

Hinter dem Georgsbrunnen befinden sich das ehemalige Fachwerkhaus „Zum Klettenfels" und das mit der Museumsgesellschaft gemeinsam gebaute Haus des Kaufmanns Kapferer.
Dieses romantische Stadtviertel wurde beim Fliegerangriff 1944 zerstört.

Dort an der Südwestecke des Münsterplatzes war vor den Kriegsjahren ein junger Mann seinem Schatz mit einer Katze auf dem Arm begegnet.

> „Warum darf nur die junge Katz
> auf deinen Arm, mein lieber Schatz."
> „Für diesen Platz bist du zu schwer",
> war ihre Antwort nebenher.
> Enttäuscht erzählt er's seinem Freund,
> zu hören, was er dazu meint.
> Sein Freund rät ihm in diesem Fall:
> „Hartnäckig bleib' bei ihr am Ball.
> Sie hätte sich doch falsch benommen,
> hätt' sie dich auf den Arm genommen."

Freiburg i. Breisgau - Georgsbrunnen an der Südwestecke des Münsterplatzes um 1944

Zwei junge Menschen finden auch heute noch, abseits der belebten Straßen und Plätze, im Präsenzgässle eine Möglichkeit, sich ihre Liebe zu offenbaren.

Du schmale Gasse, holde Enge, füllest Mut in Herz und Sinn.

Entfernt von Lärm und viel Gedränge zieht's ihn dort zur Liebsten hin.

Freiburg i. Breisgau - Präsenzgässle um 1900

Freiburg im Breisgau Oberlinden Kern der Altstadt

Der Gasthof „Zum Roten Bären" in Oberlinden (links im Bild) wurde 1387 erstmals urkundlich erwähnt. In diesem Stadtteil sind auch die frühesten Siedlungsspuren der Stadt zu suchen. Dort ließen sich im 11. Jahrhundert die Dienst- und Gefolgsleute der Zähringer nieder, als der Burgenbau am Schlossberg begann.

In der Bildmitte steht die zuletzt 1729 neu gepflanzte Linde.

Fräulein Kahn fuhr gerne mit der Straßenbahn zu ihrer Freundin nach Littenweiler. Der Grund ist nicht schwer zu erraten.

*Mit Freude fuhr sie Straßenbahn,
die mollige Studentin Kahn.
Sie liebte Rütteln, liebte Reißen
in Kurven auf den Silbergleisen.*

*So hat sie ihren Freund gefunden.
in einer Kurve unverbunden.
Dort fiel sie ihm in seinen Arm,
recht elegant mit sehr viel Charme.*

Freiburg i. Breisgau - Oberlinden mit Gasthof „Zum Roten Bären" um 1903

Das Bild zeigt das Greiffenegg-Schlössle am Schlossberghang mit dem davor liegenden Sportgeschäft Ritzer mit Sattlerei unweit vom Schwabentor.

Dort oben bei einem guten „Viertele" im Frühling zu träumen, ist ein unvergessliches Erlebnis.

Er saß im Schlössle über dem Schwabentor,
wo er sein junges Herz beim Träumen verlor.

Er blickte hinab auf die Dächer der Stadt vor den sanften Bergen, der hellgrünen Matt'.

Frühling in Freiburg und dazu noch Wein, wo könnt' es schöner und lieblicher sein.

Wiegende Bäume der Dreisam entlang, überall fröhlicher Vogelgesang.

Hell schimmernde Scheiben im Sonnenlicht.
und frohe Menschen - er kannte sie nicht.

Lautes Gerede, heimliches Lachen, dazwischen ein Kuss und and're Sachen.

Frühling in Freiburg und dazu der Wein, wo könnt' es schöner und lieblicher sein.

Freiburg i. Breisgau - Blick zum Greiffenegg-Schlössle um 1935

Das Schwabentor mit seinem neugotischen Dachaufbau (Erhöhung des Tors von 26m auf 65m zu Repräsentationszwecken) ist nach dem Umbau um 1901 in seiner Funktion als sicheres Stadttor mit mittelalterlicher Funktion eingeschränkt worden, wie das Gedicht zeigt.

*Man hat mich modisch aufgestockt
mit Zierrat und mit Giebel,
schlicht an die Häuser angedockt,
bin links und rechts flexibel.*

*Von jeher war ich streng und klar,
ein Turm mit Mauer und Tor,
ließ Bauer, Bettler und Barbar
durch den schmalen Korridor.*

*Heut' ist Eleganz sehr wichtig
im zwanzigsten Jahrhundert.
Für mich wirklich undurchsichtig,
auch wenn man mich bewundert.*

*Wer will, kann heute mich umgeh'n,
kann auch rechts und links vorbei.
Wie soll das nur ein Tor versteh'n?
Bin doch nicht mehr einwandfrei.*

Freiburg i. Breisgau - Schwabentor um 1920

Der Name „Insel" entstand durch die Zweiteilung des Gewerbekanals.

Dort ließen sich Handwerker und Gewerbetreibende nieder, die für die Herstellung ihrer Produkte (Öl, Leder, Edelsteine) Wasserkraft benötigten.

Auch das Wasser für die Stadtbäder wurde oberhalb der Schwabentorbrücke durch Stellfallen von der Dreisam abgezweigt.

Im Hintergrund des Bildes ist wieder der neugotische Dachaufbau des Schwabentores zu sehen.

Auf dieser Insel wirkt die Kraft des Wassers überall.

Das Wasser sprudelt, treibt und schafft bei jedem tiefen Fall.

Freiburg i. Breisgau - Insel mit Schwabentor um 1901

Im Hintergrund befindet sich wieder das Schwabentor. Es wurde im Jahre 1901 rechtzeitig mit der Inbetriebnahme der Straßenbahn fertig gestellt und trägt außen ein großes Bild des Stadtpatrons St. Georg.

Links davon führt der Weg zum Schlossberg, zum Café Dattler oder entlang des Dreisamtals zur Wallfahrtskapelle St. Ottilien, wo sich heute noch Gläubige mit dem Heilwasser der Quelle ihre Augen benetzen.

Als der neugotische Dachaufbau am Schwabentor angebracht wurde, dachte noch niemand an die Bombenangriffe im 2. Weltkrieg (1944) und die zerstörten Häuser, Straßen und Schienen.

Noch liegt der Weltkrieg in der Ferne um neunzehnhundertfünfunddreißig.

Bedeutungslos ist die Kaserne und Schienen liegen doppelgleisig.

Freiburg i. Breisgau - Schlossbergstraße (heute Schlossbergring) um 1935

Das Schwabentor sollte im 13. Jahrhundert die Zähringerstadt vor feindlichen Angriffen schützen.
Das Barockdach mit dem Zwiebeltürmchen wurde im 18. Jahrhundert auf den mittelalterlich gebliebenen Turm aufgesetzt.

Noch heute ist es manchem unverständlich, dass das Tor den Namen „Schwabentor" in Freiburg tragen durfte.
Die Unterhaltung im nebenstehenden Gedicht zwischen einer Badnerin und einem Schwaben zeigt „gewisse" Unverständlichkeiten und Unterschiede.

Im Bad'nerland ein Schwabentor
bringt heut' noch Widerspruch hervor.
Recht deutlich klang's beim Liebespaar,
das schwäbisch und auch badisch war.

„I ben", sagt er, „am Schlössle g'wä,
no immer duet mei Zeh mir weh."

„Wärsch doch", sagt sie:
"am Schlossberg g'si,
dann hätt'sch jetz'
s' Weh an dinem Knie."

Freiburg i. Breisgau - Schwabentor um 1895

Der links auf dem Bild neben dem Schwabentor befindliche Gasthof „Zum Storchen" wurde 1789 gebaut.

Der Gasthof „Zum Storchen" war damals wie auch heute das Ziel manches müden Wanderers.

Fritz Ewald hatte besonders unter Durst zu leiden, wenn er den „Storch" gesehen hatte.

*Sehr durstig war Fritz Ewald immer,
kam er vom Schlossberg in die Stadt.
Sein Durst beim Schlucken wurde schlimmer,
wenn er den „Storch" gesehen hat.*

*Auch soll er sich gebessert haben,
hatte Mäßigung betrieben.
Doch spätestens nach zwei, drei Tagen
war vom Vorsatz nichts geblieben.*

*Da kam ihm plötzlich die Erkenntnis,
dass Falsches in dem Vorsatz steckt.
„Was nützt die Mühe und Ersparnis,
wenn's nach drei Tagen
besser schmeckt?"*

Freiburg i. Breisgau - Gasthof „Zum Storchen" und Schwabentor um 1935

Freiburg im Breisgau Alte Straßen und Plätze

Der Bertoldsbrunnen wurde auf der Kreuzung Kaiser-Joseph- Straße (ehemals Große Gass) / Salzstraße 1807 aufgestellt.

Er wurde beim Fliegerangriff 1944 zerstört.

Bertold III galt damals als der Gründer der Stadt.

Es war in der seit Jahrhunderten belebten Straße nicht anders als heute, wenn sich menschliche Bedürfnisse bemerkbar machten.

*Niemand will es deutlich sagen,
wenn ihn „Dringlichkeiten" plagen
im Unterbauch - so nebenbei,
und niemand spricht darüber frei.*

*Doch, wenn es nicht mehr anders geht
und s´ Wasser bis zum Halse steht,
hilft kein Drücken und kein Halten,
„Dringlichkeiten" selber schalten.*

*Karl geriet in diese Lage,
will Befreiung von der Plage
durch einen schnellen, strammen Guss,
abseits der Straße, weil er muss.*

*Er glaubte dort, er sei allein
und niemand wird ihm nahe sein.
Es kam so, wie es kommen muss,
ein and'rer kam mit gleichem „Muss".*

Freiburg i. Breisgau - Bertoldsbrunnen um 1908

Auf der „Großen Gass", die zu Ehren Kaiser Joseph II in Kaiserstraße umbenannt wurde, wurde bis zur Mitte des 15. Jahrhunderts Markt gehalten.

Ab Mitte des 19. Jahrhunderts siedelten sich dort immer mehr Kaufhäuser an. Auch die Kleidermode hat sich im Laufe der Jahrhunderte immer wieder geändert.
Um 1910 waren Hosen bei Frauen und Mädchen unpassend und fast alle Männer waren damals „behütet".

Heutzutage ist es selten, am Bertoldsbrunnen, an der Kreuzung der beiden Hauptverkehrsadern (Kaiserstraße und Salzstraße) im Zentrum der Stadt, einen „Rockzipfel" oder einen Mann mit Hut zu sehen.

*Die modernen, engen, weiten
Hosen können heut' gut kleiden.
Eine Hose schon zerrissen,
durchgesessen, ganz verschlissen,
steht manchen jungen Mädchen gut
und zeigt auch ihren Übermut.
And're tragen auch die losen
überlangen Schlapperhosen,
die gut verdecken schlaff und breit
auch ihren Bauch und Unterleib.
Sie machen auch die Beine steil,
betonen stark das Hinterteil,
und formen auch an and'rem Ort:
die Weiblichkeit treibt „Hosensport".
Doch deutet sich ein Mangel an:
heut' fehlen Hüte für den Mann.*

Freiburg i. Breisgau - Bertoldsbrunnen um 1910

Der Albrechtsbrunnen (errichtet: 1865), im Hintergrund das Siegesdenkmal mit der Siegesgöttin (Einweihung am 3.10.1876 in Anwesenheit von Kaiser Wilhelm I.), befindet sich in der Höhe des heutigen Hertie Kaufhauses.

1903 führten schon die ersten Straßenbahnen am Brunnen rechts und links vorbei.

Die Figur von Erzherzog Albrecht IV. sollte an den Gründer der Universität erinnern.

Die damals lebenden Freiburger Bürger und Gäste der Stadt waren nicht ohne Vorurteile über die modernen Verkehrsmittel.

*Auf dem Teppich vieler Worte
liegt so mancher Staub und Dreck.
Keiner kratzt sich an der Pforte
seine Vorurteile weg.*

*Schleppt sie mit Vergnügen weiter,
auch mit Wichtigtuerei,
häuft sie, streut sie falsch und heiter
auf die alten eins, zwei, drei.*

*Lange werden sie gehalten,
bilden Haufen nah und fern,
steh'n als falsche Wortgestalten
oft im Licht von einem Stern.*

Freiburg i. Breisgau - Kaiserstraße mit Albrechtsbrunnen um 1906

In das Gebäude der Sparkasse in der Franziskanerstraße ist heute das Haus „Zum Walfisch", eines der schönsten spätgotischen Bürgerhäuser Freiburgs, integriert, wo sich einst auch Erasmus von Rotterdam (1529 - 1531) aufgehalten hat.

Dort soll auch in früherer Zeit ein Philosoph gewohnt haben, der so, wie Sokrates auf der Straße, Weisheiten von sich gab.

*„Lass ihn doch im Regen stehen,
wenn er den Schirm nicht haben will.
Lass ihn doch den Umweg gehen,
wenn er den Schutz nicht haben will."*

*Dieses sprach zu alten Zeiten
ein Philosoph mit Ironie,
der es liebte zu begleiten,
Persönlichkeiten da und hie.*

*Was wollte er damit sagen
und wo lag nun der Hintersinn?
„Mit dem Schirm sollst du es wagen,
ein Umweg ist meist ohn' Gewinn."*

Freiburg i. Breisgau - Franziskanerstraße um 1900

Das Martinstor wurde bei der Neugestaltung des Stadtbereiches um 1900 aufgestockt.

Das angebaute Haus des Fabrikanten Arthur Pfeilsticker wurde ein Opfer des Umbaus.

Eine Turmuhr gab es auch am Martinstor. Sie hat den Menschen den raschen Lauf der Zeit angezeigt.

Bei Uhren mit einem großen und einem kleinen Zeiger bietet sich ein Vergleich zu menschlichem Streben an.

Der „Große" auf dem Zifferblatt muss den „Kleinen" überfliegen.

Ein Mensch der keine Ruhe hat, will den Mitmensch' auch besiegen.

Kaum hat er ihn und ist vorbei, erhebt sich oft ein groß' Geschrei.

Ist auch die Toleranz entzwei, beginnt erneut die Quälerei.

Freiburg i. Breisgau - Martinstor um 1899

Das Bild zeigt das 1901 aufgestockte Martinstor.

Die Wagen der Straßenbahnen können ein unangenehmes Quietschen erzeugen, dass durch Mark und Bein geht.

Für die Gegner dieses Verkehrsmittels damals ein Argument.

*Nicht jedes Quietschen ist Musik,
was rings um uns entsteht,
mit Sicherheit kein Walzerstück,
das in die Beine geht.*

*Gar vieles, das sich fortbewegt
und rattert immerzu,
hat uns immer aufgeregt:
Wir halten uns're Ohren zu.*

*Von Straßenbahnen aufgetischt,
dringt Lärm durch Mark und Bein.
Die Töne sind oft falsch gemischt
und quälen uns gemein.*

Freiburg i. Breisgau - Martinstor um 1930

Südlich der inneren Altstadt befindet sich das einstige Handwerkerviertel um „Fischerau" und „Gerberau" mit dem Gewerbekanal, Freiburgs mittelalterliche Vorstadt, auch „Schneckenvorstadt" genannt, weil an einem Gasthaus am Martinstor sich eine Wendeltreppe (Schneck) befand.

Im Mittelalter waren die Fischkörbe mit frischen Fischen im Gewerbebach eingebracht.

Neben dem Quartier der Fischer gab es dort auch Badestuben, wo es auch zu einem Missverständnis zwischen einer freizügigen Badenden und einem Arzt gekommen sein soll.

> *Die Nickelbrille ungeputzt,*
> *wird vom Herrn Doktor gern benutzt.*
> *So auch als er zum Zeitvertreib*
> *hinabschaut auf ein junges Weib.*
> *Es scheint ihm etwas sonderbar,*
> *dass dort, wo sonst ein Nabel war,*
> *ein zweiter Nabel ganz entzückt*
> *den braungebrannten Körper schmückt.*
> *Dem Doktor bleibt die Spucke weg,*
> *die Brille fällt ihm in die Dreck.*
> *Er strauchelt, bückt sich ungeschickt*
> *und hätt' das Wunder fast erdrückt.*
> *Das Mädchen hatte längst erkannt,*
> *dass er sich ganz in sie verrannt.*
> *Setzt ihm freudig auf die Tülle*
> *die geputzte Nickelbrille.*
> *Der Doktor sieht nun sonnenklar,*
> *dass dort kein zweiter Nabel war.*

Freiburg i. Breisgau - Fischerau mit Gewerbebach um 1900

Die Paradiesmühle wurde um die Jahrhundertwende beim Bau der Universitätsbibliothek abgerissen.

Im Mittelalter befanden sich hier die allgemeinen Badestuben.

Bei der jungen Edeltraut war dort beim Blick in den Gewerbebach ihr „Selbstbildnis" ins Wanken geraten.

*Im Wasser spiegelt sich's Gesicht
der alten Fischerau
und manche leichte Welle bricht
das helle Himmelblau.*

*Häuser, Fenster, Mauern, Dächer,
verspiegelt leicht verzerrt,
unter einem Silberfächer
im Bache eingesperrt.*

*Als dort die junge Edeltraut
sich selbst im Wasser sieht,
entdeckt sie, dass sie krumm gebaut,
und wirkt so unsolid.*

*Da hört sie aus des Freundes Mund:
„Du Schönste auf der Welt,
zur Sorge gibt es keinen Grund,
dein Bild mir gut gefällt."*

Freiburg i. Breisgau - Paradiesmühle um 1900

Freiburg im Breisgau - Am Rande der Stadtmitte

Die Pfarrkirche St. Johann in der Wiehre wurde an der Stelle des 1850 erbauten und 1894 abgebrochenen Gaswerkes errichtet und 1899 eingeweiht.

Die alte steinerne Dreisambrücke wurde während der Erbauung der Kirche vom Hochwasser zerstört und neu aufgebaut..

Stolz wacht seither die Kirche am Ufer der Dreisam über die Bürger der Stadt.

*Stolz wacht die Kirche Sankt Johann
an der Dreisam schönem Ufer.
Sie ist für Fürst und Bettelmann
und für uns ein strenger „Rufer".*

*Gibt am fließenden Gewässer
den Hinweis auf Vergänglichkeit,
zeigt die Zeit als Menschenfresser
im Anblick aller Ewigkeit.*

*Mahnt die eilenden Gestalten
einen Augenblick zur Ruhe,
ruft sie auf zum Händefalten
bei dem irdischen Getue.*

Freiburg i. Breisgau - neuromanische Kirche St. Johann um 1899

Das Haus der traditionsreichen Studentenverbindung Albingia um 1910.

Für viele Studenten schon damals ein Ort der Begegnung und Diskussionen aber auch der Illusionen.

*Studentenzeit, du holde Zeit
mit Freiheit, Freud' und Fleiß,
mit alter Burschenherrlichkeit
geht's vorwärts im Geleis'.*

*Es lockt ein fernes Lebensziel,
noch sehnsuchtsvoll verklärt.
Im jugendlichen Farbenspiel,
die Zukunft herrlich gärt.*

*Erhältst du den verdienten Preis
für die Beständigkeit,
dann denkst du noch als Tattergreis
an deine Jugendzeit.*

Freiburg i. Breisgau - Haus der Studentenverbindung Albingia um 1910

Der Marien- und Luisensteg über die Dreisam in der Mitte des Bildes wurden nach der Hochwasserkatastrophe von 1896 errichtet.

Im Dreisamfluss gab es von jeher Fische, auch mal einen Flusskrebs, dem es in Freiburg gut gefiel.

> *Ein Krebs verließ gar meisterlich*
> *beim Schwabentor den Dreisamfluss.*
> *Er liebte Freiburg inniglich,*
> *gab herzlich einen „Zangenkuss".*
>
> *Ein Frosch bemerkte sein Getue*
> *und war ärgerlich befangen.*
> *„In Freiburg trägt jeder Schuhe*
> *niemand geht umher mit Zangen."*
>
> *Der Krebs zeigte Unbehagen,*
> *verbot ihm seine Quakerei:*
> *„Geh' weg,*
> *ich pack' dich sonst am Kragen,*
> *hör auf mit Eifersüchtelei."*
>
> *Schließlich ist der Krebs geblieben*
> *beim schmalen Steg am Dreisamfluss,*
> *immer hat es ihn getrieben*
> *zur Stadt und einem „Zangenkuss".*

Freiburg i. Breisgau - Dreisam mit Marien- und Luisensteg um 1910

Freiburg im Breisgau - Außerhalb des Stadtzentrums

Das Schlossbergrestaurant „Dattler", eröffnet um 1882 als „Weinwirtschaft mit Restauration", bietet dem Gast einen unvergesslichen Blick über die Stadt, das oft im Dunst liegende Rheintal und auf die im Hintergrund im Elsaß liegenden Gebirgszüge der Vogesen.

Kein Wunder, dass dort um 1950 ein alter Butler sich beim Blick nach Frankreich an die Kriegsjahre im ersten Weltkrieg erinnerte.

*Ein ergrauter alter Butler
saß verträumt im Café Dattler,
sah hinaus auf die Vogesen,
wo er einst im Krieg gewesen.*

*Im großen Dunst dort überm Tal
erlebte er so manch' Skandal,
an den er auch ganz gerne dachte
und der ihn oft in Stimmung brachte.*

*Ein Sieg, ein süßer Kuss, triumphal,
ein kleines braunes Muttermal,
die zarte Jugendliebelei,
dazu viel Streit und Lumperei.*

*Ein ergrauter alter Butler
saß verträumt im Café Dattler,
sah hinaus auf die Vogesen,
wo er einst im Krieg gewesen.*

Freiburg i. Breisgau - Schlossberg - Restaurant „Dattler" um 1923

An der Johanniskirche vorbei fährt heute die Straßenbahn bis nach Günterstal. Dort befindet sich auch ein Zisterzienserinnen - Kloster und die im toskanischen Landhausstil erbaute Villa „Wohlgemuth", später Mutterhaus der Liobaschwestern.

Vom Günterstal aus führt eine Straße zur Seilschwebebahn, die auf den 1258m hohen Schauinsland führt.

Schon ein Spaziergang nach Günterstal, entlang des klaren Gebirgsbaches, kann Entspannung bringen.

*Es leuchtet lieblich, Mattengrün
vor Klöster, Häuser, Hütten
und über Straßen, Menschen flieh'n
ins Tal aus Freiburgs Mitten.*

*Es weht die reine Schwarzwaldluft
dort jedermann entgegen,
gewürzt mit Harz und Wiesenduft
abseits auf stillen Wegen.*

*Vertreibt das Tal die Alltagslast,
macht dich frei von Not und Qual,
hat dich die Lebenslust erfasst,
dort im schönen Günterstal.*

Freiburg i. Breisgau - Günterstal um 1900

Das Gasthaus „Zum Kreuz" in Kappel war von jeher ein beliebtes Ausflugsziel. Auch heute fühlen sich die Gäste in der heimeligen Gaststube mit der „niedrigen" Decke sehr wohl.

Einem „weinseligen" Freiburger ist dort auch eine „zwiespältige Äußerung" über die Lippen gekommen, wie im nebenstehenden Gedicht erläutert wird.

Übrigens:
Den Stadtteil Kappel erreichen Sie mit der Straßenbahn und Bus über Freiburg - Littenweiler.

Der Bus fuhr vor der Nase weg.
„Du blöder Hund", rief er sehr keck.

Dann hält das Fahrzeug doch noch an:
- Der Fahrer war ein guter Mann -.

Freiburg i. Breisgau - Ortsteil Kappel mit Gasthaus „Zum Kreuz" um 1912

Das alte Dorf Herdern war ursprünglich im Besitz der Zähringer Herzöge.

Um 1457 erwarb die Stadt Freiburg das Dorf in dem überwiegend Weinbauern wohnten.

Der Bildausschnitt zeigt den Stadtteil Herdern von der Okenstraße.

Feriengäste gab es dort um 1930 wenig. Als Herr von Welten 1980 in Freiburg-Herdern zu Besuch war, war sein Bedürfnis anzugeben sehr groß.

*Die Darstellung ist ein Problem,
nicht immer wirkt sie angenehm.
Der eine übt sie unbewußt,
der and're deutlich voller Lust.*

*Im Urlaub will ein jeder gelten,
so richtig zeigen, was er kann,
auch ein guter Herr von Welten
gibt stets mit Eifer richtig an.*

*Er hat die ganze Welt geseh'n
von Oslo bis nach Pakistan.
Er sah die Sonne untergeh'n
am Ätna und in Kurdistan.*

*„Ob er im schönen Schwarzwald war",
fragt lautstark einer im Lokal.
„Ich fuhr heut' mit dem Jaguar
durchs wunderschöne Dreisamtal."*

Freiburg i. Breisgau - Stadtteil Herdern um 1930

Ein Spaziergang vom Schwabentor über den Schlossberg zur Wallfahrtskapelle St. Ottilien bietet herrliche Ausblicke auf die Stadt, das Dreisamtal und auf die höchsten Erhebungen im Schwarzwald im Hintergrund - den Bereich um den Feldberg (ca. 1498 m ü.M.).

Die heilende Kraft des Wassers aus der Quelle in der Kapelle in St. Ottilien soll die Augen der Gläubigen gesund erhalten.

*„Träufle Wasser in die Augen,
wer sehen will, muss auch glauben",
erläutert an dem Wallfahrtsort
ein alter Bauer immer fort.*

*„Ja, ja, ich weiß, ich hab's erlebt",
sehr deutlich er die Stimme hebt.
„Hier allein in der Kapelle
gibt es eine frische Quelle,*

*die mit heiliger Wasserkraft,
Gesundheit für die Augen schafft.
Glaub' fest daran, lass es gescheh'n,
dann wirst du sicher besser seh'n."*

Freiburg i. Breisgau - Wallfahrtskapelle St. Ottilien um 1900

Das alte Forsthaus im Gewann Eichhalde wurde 1908 zum „Jägerhäusle" umgebaut. 1971 abgerissen und durch ein Hotel ersetzt.

Das „Jägerhäusle" bot Anfang des 20. Jahrhunderts Schutz, wenn der Sturm über Wald und Feldt tobte.

*Es rauschten die Tannen
ein uraltes Lied.*

*Was Winde ersannen,
der Sturm niederschrieb.*

*Er tönte in Höhen,
hallte durch das Tal.*

*Mal klang's wie ein Flehen,
mal klang's triumphal.*

*Drinnen im Jägerhaus
klang es wie Applaus.*

Freiburg i. Breisgau - Jägerhäusle um 1910

Die Stille und Beschaulichkeit lockte im 19. Jahrhundert immer mehr Spaziergänger auf den Lorettoberg.

Das Restaurant „Zum Bruderhaus" wurde 1905 zum Verkauf von Speisen und Getränken eingerichtet.

Der richtige Zeitpunkt ist auch in der Natur von existentieller Bedeutung.

*Ein Blümchen hat sich wohl geirrt,
von Sonnenstrahlen schon verwirrt,
spreizt es Blüten mit Vergnügen,
hofft, dass auch Insekten fliegen.*

*Doch kleines Blümchen habe acht,
wenn helle Frühjahrssonne lacht.
Wer viel zu früh geöffnet hat,
den drückt der kalte Schnee noch platt.*

Freiburg i. Breisgau - Speiserestaurant „Zum Bruderhaus" auf dem Lorettoberg um 1909

Ebnet wurde am 1.7.1974 neuer Stadtteil von Freiburg.

Gesang wurde auch in Ebnet in der fernsehlosen Zeit noch groß geschrieben.

Daher ist es auch nicht verwunderlich, dass Herr Kuckuck, ein leidenschaftlicher Wanderer, sich „fortpflanzen" konnte.

> *Herr Anton Kuckuck liebte sehr*
> *das frohe Singen kreuz und quer*
> *und trällerte aus voller Brust*
> *fast überall nach Sängerslust.*
> *Er legte auch bei einem Fest*
> *ein musikalisch' Ei ins Nest.*
> *Von Eiablage unberührt;*
> *die Gäste haben nichts gespürt.*
> *Sie gaben fröhlich ohne Ruh'*
> *auch zum Gesang ihr Bestes zu.*
> *Herr Kuckuck zog sich dann zurück*
> *und ließ die Menschen dort im Glück.*
> *Was ihnen er ins Nest gelegt,*
> *wurd' ausgebrütet und gepflegt.*

Freiburg i. Breisgau - Ebnet mit Kirche, Pfarrhaus und Schule um 1920

Freiburg im Breisgau Abschied in der Unterstadt

Als der Reisende nach dem Besuch der Sehenswürdigkeiten in der Altstadt und den Ausflugszielen die Stadt wieder verließ, konnte er noch vor seiner Abreise einen Blick über die Stühlinger Stahlbrücke werfen, die über die Bahngleise führt.

Die im Stühlinger Stadtteil stehende Herz-Jesu-Kirche mit ihren beiden Türmen wurde 1897 fertig gestellt. Über diese Brücke gingen die Stühlinger um 1900 in die Altstadt.

Ein kurzer „Abstecher" in die Kirche vor dem Verlassen der Stadt lohnt sich und beruhigt.

> *Straße, Brücke, Gotteshaus.*
> *Die Reihenfolge stimmt.*
>
> *Nach dem irdischen Gebraus*
> *ein Ort, der Hetze nimmt.*

Freiburg i. Breisgau - Herz-Jesu-Kirche um 1900

In Freiburg befanden sich schon Anfang 1900 tagsüber viele Beschäftigte, die, wie heutzutage, morgens mit dem Zug in die Stadt kamen und sie abends wieder verließen.

Die Sehnsucht, die Stadt wieder zu sehen, wurde immer stärker, als der Besucher um 1910 mit dem Dampfzug aus dem Freiburger Bahnhof fuhr.

Lange noch blickte er auf das vor den Schwarzwaldbergen liegende Münster und nahm sich vor, die kontrastreiche Reise in die mit architektonischen Sehenswürdigkeiten reich bestückte Stadt Freiburg zu wiederholen.

*Die Straße lebt, die Menschen kommen
gern in die Stadt mit frischem Mut.
Freiburg lässt sie nicht verkommen,
verteilt sie und versorgt sie gut.*

*Die Straße lebt, die Menschen gehen
gern aus der Stadt zur Abendzeit.
Gar vieles ist am Tag geschehen
im bunten, weiten Alltagskleid.*

Freiburg i. Breisgau - Eisenbahnstraße um 1900, im Hintergrund der Bahnhof

Zum Ausklang

Da ich in diesem Buch überwiegend meine persönlichen Eindrücke verarbeitet habe und, neben einer möglichst genauen zeichnerischen Wiedergabe der Fotografien, wenige historische Daten aus den Quellen entnahm, möchte ich Sie zur Vertiefung historischer Geschehnisse auf die einschlägige Literatur der Heimatforscher hinweisen. Sie können bei Ihrem Besuch in der Touristen-Information in den hier gezeichneten und beschriebenen Städten wissenschaftlich fundierte Literatur über die Vergangenheit und bedeutende Persönlichkeiten finden.

Meine Bilder und Gedichte sollen alte Straßen, Häuser usw., die Schönheit der Landschaft und auch das „Menschliche" zeigen, wie ich es gesehen und empfunden habe. So ist dieses Buch, besonders im Textteil, von persönlichen Erlebnissen, aber auch von eigener Phantasie über frühere Ereignisse, die so auch stattgefunden haben könnten, durchdrungen.

Noch etwas: Die Namen der Personen, die ich in den Gedichten erwähnte, habe ich frei erfunden.

Was ich nicht ändern konnte, war das „Menschliche", von dem ich und auch die Schwarzwälder nicht verschont geblieben sind.

Dieses Buch ist das 3. Buch über meine Schwarzwaldheimat, in dem Sie mit Wein gemalte alte Stadtansichten u.a. von: Elzach, Waldkirch, Gutach i. Breisgau und der Schwarzwaldmetropole Freiburg sehen können.

1. Buch
Unser schönes Kinzigtal
mit alten Stadtansichten von:
Gengenbach, Haslach, Hausach, Wolfach, Schiltach
ISBN: 3-922663-71-0

2. Buch
Im Tal der Schwarzwaldbahn
mit alten Stadtansichten von:
Gutach (Schwarzwaldbahn), Hornberg, Triberg
ISBN: 3-00-010133-0

Bild- und Textnachweise

Einige Gedichte stammen mit teilweiser Anpassung an die dargestellten Bilder aus meinen Gedichtsbüchern.

Karl A Krug
Spielerisches Dichten. Heiteres und Besinnliches im Wechsel
erhältlich beim Verfasser

Karl A Krug
Gedichte zum Nicken und Schmunzeln
erhältlich beim Verfasser

Karl A Krug
Dichten als Hobby, daheim, unterwegs oder am Urlaubsort
erhältlich beim Verfasser

Die „Weinbilder" habe ich nach alten Fotografien aus nachstehenden Büchern und Archiven mit teilweise eigenen Änderungen bei undeutlichen Stellen gemalt. Einige historische Daten zu den Bildern habe ich ebenfalls daraus entnommen.

Stadtarchiv Elzach

Waldkircher Bilderbogen 1889 - 1956
Florian Th. Ücker, 2001

Elztal - Seitentäler (Breisgau) Ferien- und Freizeitführer
TS-Verlag, Tourismus südlicher Schwarzwald, Freiburg

Elzach, Stadt mit Geschichte
Josef Weber, Herausgeber: Stadtverwaltung Elzach

Elzacher Fasnet
Josef Weber, Herausgeber: Stadtverwaltung Elzach

Der Kandel: Ein Fürst unter den Schwarzwaldbergen
H. Rambach, Waldkircher Verlag, 1982

Die Elz
Walter Rist, Dieter Kohlhepp, Kehrer Verlag KG, Freiburg i. Breisgau

Wandern im Elztal, Elztäler Wanderführer
Werbegemeinschaft Waldkirch

Alt-Freiburg, Bilder einer Stadt
Verlag Risch-Laue Gebr. Metz, Salzburg, Text Dr. H. Schadeck, 1989

Kalenderserie „gestern", Alt-Freiburg
m+m-Verlag, Heinsberg

Kleine Geschichte der Stadt Freiburg
Peter Kalchthaler
Rombach Verlag 1997

Freiburg und seine Bauten
Peter Kalchthaler
Promo-Verlag, 3. Auflage, 1994